FAYEL

ET

GABRIELLE DE VERGY;

MIMODRAME EN TROIS ACTES,

Par MM. FÉLIX et FRANCONI jeune;

Musique de M. Félix.

Représenté, pour la première fois, à Paris, au Cirque Olympique, le 21 octobre 1820.

Prix : 50 centimes.

PARIS,
AU MAGASIN GÉNÉRAL DE PIÈCES DE THÉATRE,
CHEZ J.-N. BARBA, LIBRAIRE,
ÉDITEUR DES ŒUVRES DE PIGAULT-LEBRUN,
PALAIS-ROYAL, DERRIÈRE LE THÉATRE FRANÇAIS, N°. 51.

1820.

PERSONNAGES. ACTEURS.

SIRE FAYEL, amant de Gabrielle. . M. Franconi j^e.
SIRE VERGY, père de Gabrielle. . M. Bunel.
RAOUL DE COUCI, amant de Gabrielle, préféré. . . . . M. Paul.
MONLAC, son écuyer. . . . . M. Charles.
RINALDINI, homme de confiance de la comtesse. . . . . M. Victor.
STROZI, } brigands subalternes. { M. Férin.
MAURICE, } { M. Lagoute.
MARC, concierge des prisons . . . M. Ballieste.
EDMOND, jeune jardinier du château de Fayel. . . . . M. Adolphe Franconi.
GABRIELLE, fille de Sir Vergy . . . Mad. Franconi j^e.
La comtesse ALMAFIERA, italienne attachée à la maison de Sir Vergy, et réfugiée en France par suite des troubles de l'Italie. . . . . Mlle. Tigée.
CLOTILDE, fille de Marc, sœur d'Edmond. . . . . Mlle. Caroline.
ALIX, confidente de Gabrielle. . . . . Mlle. Baron.
Gentishommes, Dames, Écuyers, Pages, Villageois, Soldats, Brigands.

La scène est à Autrey, dans le château de Sire Fayel, près Dijon ; à la fin du 12e. siècle, sous Philippe-Auguste.

FAYEL

ou

GABRIELLE DE VERGY,

MIMODRAME.

ACTE PREMIER.

Le Théâtre représente une épaisse forêt.

SCÈNE PREMIÈRE.
CLOTILDE, EDMOND.

Les deux enfans entrent avec peur, l'obscurité les épouvante ; l'orage commence à se faire entendre.

CLOTILDE, *tremblante.*

C'est bien de ta faute, mon frère, si nous sommes attardés dans cette forêt, que l'on dit n'être pas sûre.

EDMOND.

Bah ! tu as toujours peur ; est-ce que je ne suis pas là, moi ? Allons, allons, il n'y a rien à craindre.

CLOTILDE.

Quoi qu'il n'y ait rien à craindre, je donnerais tout au monde pour être au château, et près de notre bonne maîtresse Gabrielle.

SCÈNE II.

Pendant la scène précédente, deux brigands ont

paru dans le fond ; ils regardent les enfans à travers les arbres. Clotilde et Edmond vont pour s'en aller, les brigands les arrêtent : l'un s'empare de Clotilde, et l'autre d'Edmond. Clotilde jette des cris; le brigand l'enlève.

SCÈNE III.

Au même instant, sir Raoul, attiré par les cris de la jeune personne, paraît, aperçoit le brigand qui l'enlève. A la vue du chevalier, celui qui a terrassé Edmond prend la fuite. Raoul le poursuit, ainsi qu'Edmond qui ne veut pas se séparer de sa sœur. Monlac traverse la scène un instant après son maître. L'orage continue toujours avec force.

SCÈNE IV.

Rinaldini paraît : l secoue son manteau et son chapeau.

RINALDINI.

O perdio ! si la providence a enrichi la Bourgogne d'excellens vignobles, il faut convenir aussi qu'elle ne la laisse pas pas manquer d'eau. (*Il examine autour de lui*) Me voilà bien au rendez-vous : voici la route qui de Dijon conduit au château de Fayel, et voilà le petit sentier.... Benissimo. Si je ne me trompe, c'est près de ces broussailles; donnons le signal. (*Il frappe dans ses mains en avançant, et se trouve nez à nez avec Strozi qui écarte les branches... Aspect hideux.*

SCÈNE V.

RINALDINI.

Ohime ! quelle figoure !...; te voilà donc, mon pauvre Strozi ! embrassons nous. *Ils s'embrassent; Strozi fait signe qu'il ne peut parler.*

RINALDINI.

Si, si, j'ai appris ta piteuse aventure; je sais que pour avoir parlé quand il fallait te taire, on t'a mis dans le cas de ne plus rien dire quand il faudrait parler ; mais il faut te consoler : tu n'y perds pas grand' chose, et nous y gagnons tous. Ainsi tout il est pour le mieux. Tiens, mets-toi là, vidons cette gourde de vin du pays, et du bon. (*Ils s'asseyent*) Comme j'ai besoin de ton courage et de ton intelligence, que je suis assuré que tu ne diras rien de ce que je vais te confier, écoute-moi. Sire Fayel, riche seigneur de canton, devenu veuf par un petit mouvement de colère et de jalousie, est dans ce moment passionnément amoureux de la belle Gabrielle, qu'il vient de recevoir dans son château, avec son père, le sir de Vergy, pendant les troubles qui agitent sta province. (*Strozi prend la gourde et boit*) Basta! basta, per diol si tu as perdu la parole, il me parait que tu n'as ni perdu l'apétit ni le goût. Redouble ici d'attention. Désabusé des vanités de ce monde, et résolu de vivre honnêtement dans quelque province de ce pays, je quitte, un peu par force, ma patrie. A peine ai-je mis les pieds sur les terres de France, que j'y rencontre notre ancienne maîtrese, la signora comtesse Almafiera qui, ayant perdu tous ses biens en Italie, et dévorée d'un amour malheureux que lui a inspiré sir Fayel, a résolu par toutes sortes de moyens, de rétablir sa fortune et d'épouser son amant en perdant sa rivale. Per ces trois petits articles, elle a compté sur d'anciens et zélés serviteurs dont elle doit faire la fortune, quand elle sera mise en possession des biens du vieux sire de Vergy, auquel elle est alliée, et dont nous allons la faire hériter par un de ces moyens innocents dont nous savons nous servir si à propos dans les occasions importantes, il faut...

(*Strozi se lève et regarde au loin.*)

RINALDINI.

Qu'est-ce ? O per il diavolo! deux cavaliers qui arrivent vers nous au galop; éloignons nous, et sitôt que la place sera libre, reprenons notre poste.

(*Ils se séparent; on les perd de vue.*

SCÈNE VI.

RAOUL, MONLAC, EDMOND ET CLOTILDE.

Monlac prend les enfans par la main, les mène vers Raoul, qui, plongé dans une profonde tristesse, s'est assis sur un banc de gazon. Ils se jettent à ses pieds, l'accablent de caresses et de remercîmens ; il les relève avec bonté, leur dit de s'éloigner un instant.

RAOUL, *à Monlac.*

C'est ici, fidèle Monlac, qu'il faut donner à ton ami une nouvelle preuve de ton attachement. Tu le sais, je perds à jamais ma Gabrielle, le barbare Vergy la sacrifie à son ambition, et Fayel m'enlève le seul bien qui m'attache à la vie.

Monlac témoigne qu'il est prêt à tout faire pour servir un si bon maître.

RAOUL.

Tu vas suivre ces enfans jusqu'à Autrey. D'après ce qu'ils m'ont dit, ils habitent le château de Fayel ; par ce moyen, tu pourras voir Gabrielle (*il détache une chaîne d'or.*) Si ses regards tombent sur cette chaîne, elle ne doutera point que celui qui l'adore ne soit près d'elle. Une fois introduit, remets lui ces tablettes : elle y verra qu'au fond de la Palestine, Couci fugitif et proscrit des lieux qu'elle habitait, ne respirait encore que pour sa Gabrielle ! (*s'approchant de Clotilde.*) Prenez cette chaîne, charmante enfant ; elle vous rapellera le chevalier qui a sauvé vos jours.

CLOTILDE.

Quoi ! seigneur chevalier !... ce présent devient inutile. Croyez bien que votre action généreuse ne sortira jamais de notre cœur. Fasse le ciel qu'une circonstance favorable nous mette à même de vous prouver notre reconnoissance. (*ils se jettent aux pieds de Raoul, qui passe la chaîne au cou de Clotilde.*)

Monlac l'assure de son zèle et le conjure de ne point s'exposer dans un pays où ses jours sont proscrits ; Raoul le rassure ; Monlac prend les enfans par la main : on place Clotilde en croupe, Edmond est à côté d'elle. Départ, adieux, tableaux.

Raoul les regarde partir, et après un moment d'incertitude, il dit :

RAOUL.

Ils s'éloignent... chaque instant les rapproche de Gabrielle. Heureux Monlac! tu vas la voir; et moi... ton Raoul, forcé de vivre loin de toi... et pourquoi céder à des conseils trop timides... ne puis-je, revêtu des couleurs de Fayel et de Vergy, m'introduire auprès d'elle : allons suivons leurs pas, je ne puis résister au désir de me rapprocher des lieux habités par celle que j'aime : La réunion des hauts barons à Dijon doit avoir éloigné son père et mon rival, profitons de cet instant... Infortuné Raoul! si tout est perdu pour toi, vois encore une fois ta Gabrielle, et meurs après s'il faut renoncer au bonheur de la posséder. (*Il s'élance sur son cheval et s'éloigne par le petit sentier.*)

SCÈNE VII.

Strozi regarde Raoul s'éloigner.

RINALDI, *accourant.*

Attention!.... la signora comtesse Almafiera.

SCÈNE VIII.

La comtesse paraît, suivie de deux écuyers qui tiennent en main son palefroi.

Elle fait signe à son escorte de s'éloigner; il ne reste au fond qu'un écuyer enveloppé d'un manteau.

LA COMTESSE, *à Rinaldi.*

Rinaldi Maurice vous connoissez mes volontés. (*Apercevant Strozi.*) Cet homme est à vous? (*Strozi s'incline*) voilà pour lui (*Elle jette une une bourse à Rinaldini*) M. lui servira de second. (*Elle indique l'homme au manteau qui s'avance. On entend du bruit; elle remonte la scène rapidement et dit :*) Sire Vergy vient de ce côté, adieu.

(*elle sort.*)

SCÈNE IX,

RINALDINI, STROZI.

RINALDIN.

Allons, mon cher Strozi, c'est ici le moment de montrer toute ton intelligence : la manière noble et généreuse avec laquelle la signora Comtesse paie ses serviteurs doit la rassurer.

Strozi lui fait signe qu'il garde la bourse.

Comment !... (*Signe de Strozi.*) Ce matin je comprenais tous les signes, et dans cet instant je ne puis.

Strozi prend le bout du cordon de la bourse, Rinaldini le retient, et dit :

On a bien raison de dire que la perte d'un sens, il rend l'au-plus sensible... Qui se serait imaginé que sta grosse bête... Hô !... dio ! (*Il va pour puiser dans la bourse ; on entend du bruit ; il regarde et dit :*) Alerte voici nos gens.

Strozi lui demande de l'argent.

Oh! pas de réflexions! tu es ici pour agir... (*bruit.*) On approche, tu sais ton métier : je me charge de l'écuyer : débarassons-nous du vieux chevalier. (*Ils se mettent en embuscade derrière les arbres. Rinaldini se retire le dernier après avoir mis un masque.*)

SCÈNE X.

Le sire Vergy paraît à cheval, précédé d'un écuyer. Strozi et Maurice se jettent sur le premier ; pendant ce temps, Rinaldini abat l'écuyer, saute sur son cheval et disparaît.

Sir Vergy est armé ; son air est vénérable, sa visière levée laisse apercevoir une longue barbe blanche ; il se dégage de Maurice, prend son poignard et se défend mais faiblement ; il rompt jusqu'au pied d'un arbre auprès duquel il tombe à genoux ; il est prêt à succomber.

SCÈNE XI.

Sire Fayel, armé de toutes pièces, paraît à cheval, et d'un coup de lance terrasse Strozi ; pendant qu'il fournit sa carrière, celui-ci blessé se retire et s'enfuit. Deux des affidés de la comtesse reviennent sur sir Vergy; mais Fayel reparaît et se jetant à bas de son cheval, d'un coup de cimeterre, en étend un mort à ses pieds, l'autre prend la fuite : sir Vergy reconnaissant son libérateur, se jette dans ses bras.

SCÈNE XI.

SIR VERGY.

Ah! Fayel, quand je vous dois deux fois déjà la vie, je le sens bien, il n'est qu'un seul moyen de m'acquitter envers vous; et ma fille...

Fayel lui exprime tout l'amour qu'il ressent pour elle; Vergy vaincu par ses pressantes sollicitations lui dit :

Foi de chevalier, elle est à vous.

Fayel va pour se précipiter à ses pieds. Vergy le relève et l'embrasse. Les écuyers de sire Fayel sont arrivés; il offre un cheval à Vergy : il s'y place, Fayel est à côté de lui.

(Tableau, marche, sortie.)

Le Théâtre change et représente le jardin et l'entrée du pavillon occupé par le sire de Vergy. Un des côtés donne sur la campagne. Une galerie et un rempart dans le fond, une petite porte attenante au rempart et donnant dans les fossés. Une statue placée obliquement est ajustée dans le jardin avec un petit autel au bas.

SCÈNE XII.

Gabrielle paraît; elle est rêveuse... Elle s'assied en brodant une écharpe. On voit accourir Edmond et Clotilde; ils aperçoivent la châtelaine, et encore tout émus, lui racontent leur aventure. Clotilde en parlant du bon chevalier qui les a sauvés, lui montre Fayel.

le don qu'elle en a reçu. Emotion de Gabrielle en reconnaissant la chaîne d'or : elle paraît lui plaire ; Clotilde et Edmond s'empressent de l'offrir à une aussi bonne maîtresse ; elle l'accepte et veut leur donner une bourse en échange ; ceux-ci la refusent et s'éloignent. Edmond se promet bien de revenir, il aurait voulu parler à Gabrielle.

SCÈNE XIII.

GABRIELLE, *seule*.

Elle ne peut en douter : ce présent ne vient que de Raoul ; mais où est-il, et comment le voir ? Couvrant de baisers cette chaîne qui lui rappelle son ami, elle s'avance vers le petit autel, s'agenouille et prie le ciel pour son père et pour Raoul. Une flèche lancée par-dessus le mur tombe à ses pieds ; surprise, elle la ramasse, des tablettes y sont attachées ; elle les parcourt ; son trouble, son émotion s'accroissent par dégrés, elle court au balcon qui donne sur la campagne ; on entend les sons d'un luth : elle n'en doute plus, c'est Couci qu'elle voit au bas du rempart, elle exprime le plaisir et les craintes qui l'agitent, elle semble écouter les réponses et ne savoir que résoudre... A quel parti s'arrêter ? elle entend du bruit et se retourne vivement.

SCÈNE XIV.

C'est Edmond ; il tiend un arrosoir, il a quelque chose à dire à la châtelaine, il ne sait comment s'y prendre. Gabrielle se tenant toujours auprès du balcon cherche à deviner le motif qui l'amène ; enfin il s'avance et lui dit.

EDMOND.

Noble dame, vous qui avez le cœur si bon, oserai-je vous demander une grâce ?

GABRIELLE, *inquiète, ses regards se jettent souvent sur la campagne.*

Parle, mon ami.

EDMOND.

Ce bon chevalier à qui Clotilde doit l'honneur et moi la vie, est là (*il indique la campagne*); il m'a demandé si je ne pourrais pas lui donner un asile, pour le dérober un instant à des méchants qui en veulent à ses jours.

GABRIELLE, *vivement.*

Il le faut, Edmond; (*se remettant*) La reconnaissance, l'honneur, vous en font une loi... Mais où le cacher?

EDMOND.

J'ai pensé que pendant l'absence du sire Fayel et de votre père, je pourrais le loger dans cette chaumière d'où je veille sur le jardin.

GABRIELLE.

Fort bien; mais comment l'introduire secrètement?

EDMOND.

Par la petite porte qui donne dans le fossé, et dont je prends la clef tous les matins pour aller chercher de l'eau.

GABRIELLE, *avec émotion, lui donnant un anneau.*

Oh! bien, très bien! Edmond, écoute toujours la voix de l'humanité, et tu rendras heureux tout ce qui t'entoure.

EDMOND.

Merci, bonne châtelaine; cette bague ne me quittera jamais : elle me rappellera toujours vos bontés et vos conseils.

Il assure Gabrielle de son dévouement, et prenant son arrosoir, il ouvre la petite porte et descend.

SCÈNE XV.

GABRIELLE, *seule.*

Oh mon Dieu! veille sur les jours de Raoul. (*Elle s'avance vers le balcon.*) Ciel! quel est ce soldat portant sur sa dalmatique les armes de sire Fayel et qui semble retenir Raoul... Que vois-je? Couci l'embrasse et le rassure; il le quitte. Ah ! ce ne peut être que le fidèle Montac... Ah ! mon cœur tremble et désire de te revoir ; mais si ce jour est le dernier pour toi, qu'il soit aussi celui de ta Gabrielle.

SCÈNE XVI.
EDMOND, COUCI, GABRIELLE.

(*Edmond introduit Raoul, (celui-ci est déguisé en simple ménestrel) il lui montre Gabrielle qui est tremblante; Raoul se précipite à ses pieds, il couvre sa main de baisers.*)

RAOUL.
Oh ! ma bien aimée !

GABRIELLE.
Raoul ! cher Raoul !

EDMOND, *accourant*.
Ah ! noble dame, tout est perdu ! et vous, et sire chevalier, suivez-moi, vous n'avez pas un instant à perdre.

RAOUL.
Jeune homme, ma vie est dans tes mains ; promets-moi de garder le secret sur mon asile.

EDMOND.
Je le jure par Dieu, et cet anneau.

GABRIELLE.
Oh ! mon Edmond, songe qu'en le dérobant à tous les yeux, c'est ta châtelaine que tu sauves.

(*Raoul se cache dans la chaumière, et Gabrielle cherche à remettre ses esprits.*)

SCÈNE VII.
ALIX, GABRIELLE.

ALIX.
Madame, la comtesse Almafiera désire avoir l'honneur de vous être présentée.

Gabrielle à peine remise de son émotion se dispose, en exprimant aversion pour elle, à aller la recevoir.

SCÈNE XVIII.

GABRIELLE, LA COMTESSE.

A peine se sont elles saluées, qu'on voit entrer, Rinaldini; son air sombre effraie Gabriel qui l'interroge sur son père; il semble hésiter: les craintes de Gabrielle augmentent, elle lui ordonne de parler; il jette un regard sur la comtesse qui l'examine.

RINALDINI.

Vous l'exigez, signora, malgré tout ce que j'ai fait pour le défendre, votre malheureux père vient de succomber dans la forêt sous les coups...

Gabrielle jette un cri et tombe évanouie dans les bras de ses femmes. Joie de la comtesse, signe de Rinaldini.

SCÈNE XIX.

UN ÉCUYER.

Madame, le sire Vergy, votre père, entre dans le château.

On entend le cor du nain, les fanfares qui annoncent l'entrée de sire Vergy... Gabrielle, à peine remise de son émotion, court au-devant de son père.

SCÈNE XX.

La comtesse et Rinaldini sont restés seuls, celui-ci ne sait comment expliquer ce qui ce passe; la première lui témoigne son mécontentement : Rinaldini l'apaise et lui montrant son poignard, lui dit que rien n'est perdu. Il jure de la servir avec zèle. Ils sortent tous deux.

SCÈNE XXI.

Entrée de Gabrielle dans les bras de son père. Deux écuyers l'ont précédé; il leur ordonne de s'éloigner.

VERGY.

Ma fille, si vous revoyez votre père, s'il vient encore jouir du bonheur de vous presser dans ses bras, c'est à Fayel que nous le devons; je ne parle pas de la noble hospitalité qu'il exerce envers nous, des honneurs qu'il nous fait rendre par ses vassaux, un lien plus fort, ma Gabrielle, vous attache à lui désormais; deux fois aujourd'hui sa valeur a sauvé la vie de votre père, et vous seule pouvez m'acquitter envers lui.

GABRIELLE.

Moi, seigneur ! Par quel moyen ?

VERGY.

En acceptant pour époux celui qui vous a rendu votre père.

GABRIELLE.

Qu'entends-je ! Avez-vous oublié ce moment de douleur, où ma respectable mère, à son lit de mort, me permit de recevoir les sermens de Raoul, de l'infortuné Raoul ! et me donnant ce gage de sa piété et de son amour (*elle montre une croix d'or*), elle me fit jurer de ne m'en séparer que pour le donner à l'ami que mon cœur avait choisi.

VERGY.

Ces nœuds sont rompus; Raoul, proscrit, ne peut être mon gendre, et celui à qui vous devez tout ne peut recevoir un refus devenu impossible... j'ai juré ma foi de chevalier.

GABRIELLE.

Malheureuse !

Gabrielle cherche à fléchir son père. Celui-ci la presse de se résigner; situation pénible de Gabrielle; elle se laisse aller sur un fauteuil. Son père lui dit qu'il ne survivra pas à son déshonneur; il rappelle son serment, la presse, la conjure, se laisse tomber à ses genoux en lui montrant ses cheveux blancs, en la priant de ne pas déshonorer sa vieillesse. L'émotion de Gabrielle est à son comble; elle cherche à relever son père, et jetant un regard douloureux sur la chaumière, elle promet de faire tout ce qu'on exigera. Son père est au comble de la joie, l'embrasse et lui donne sa bénédiction.

SCÈNE XXII.

Entrée de Fayel; il est élégamment vêtu. Vergy lui présente sa fille, et lui annonce qu'elle consent a le nommer son époux. Fayel exprime à Gabrielle tout l'amour qu'il ressent pour elle; il la prie de lui confirmer un si doux aveu. Effroi et pénible situation de celle-ci qui cherche à cacher ce qu'elle éprouve: signe de Vergy à Gabrielle.

Inquiétude de Fayel. La comtesse paraît au fond et exprime la fureur qui l'anime en voyant Fayel baiser la main de Gabrielle. On voit le fond du théâtre se garnir de tous les vassaux de sir Fayel. Rinaldini paraît auprès de la comtesse, il la rassure. Fayel renouvelle ses instances auprès de Gabrielle, qui pressée par un regard de son père, se dispose à obéir. Vergy apercevant la comtesse, va au devant d'elle et lui fait part de son bonheur. Celui-ci ordonne qu'on se mette en marche pour fiancer les deux amans. Fayel prend la main de Gabrielle. On part. La comtesse parle à Fayel. Celui-ci se retourne, dans ce moment Gabrielle jetant les yeux sur la chaumière, aperçoit Raoul retenu par Edmond; elle s'évanouit, tout le monde s'empresse autour d'elle. Etonnement de Fayel. Rinaldini qui a vu tomber quelque chose du sein de Gabrielle, s'approche et met le pied dessus. La comtesse examine Fayel. TABLEAU.

Fin du premier Acte.

ACTE DEUXIÈME.

Le Théâtre représente une des salles du palais de Fayel, du premier au deuxième plan, côté cour, est l'entrée de l'appartement de Gabrielle, en face celui de Vergy; au fond il y a deux ouvertures: celle du côté jardin laisse voir une longue galerie, celle du côté cour une large fenêtre à travers laquelle on aperçoit une terrasse donnant sur les jardins et communiquant à la galerie; au milieu est une estrade sur laquelle sont des trophées.

SCÈNE I.

Au lever du rideau, la cérémonie est en marche pour le temple *(obliquement de la cour au jardin)*. Déjà les gardes, les écuyers sont dans la galerie; les pages précèdent Fayel entouré de chevaliers et de gentilshommes, les dames entourent Gabrielle; son père lui donne la main; elle est précédée par des gardes: des paysans terminent la marche qui se perd dans la galerie.

SCÈNE II.

A peine-a-t'on perdu de vue le cortége, que la comtesse entre et le suit des yeux. Sa fureur est a son comble, elle ne respire que vengeance. Enfin suffoquée par la rage et ne sachant comment se venger elle tombe anéantie sur un des fauteuils préparés du côté jardin pour la fête.

SCÈNE III.

RINALDINI, LA COMTESSE.

RINALDINI,

Ah ! signora, remettez vos esprits, je tiens dans mes mains la perte de votre rivale.

LA COMTESSE.

Qu'entends-je ?

RINALDINI.

Lisez ces tablettes.

(*La comtesse s'en saisit en exprimant sa joie, et les parcourt avidement.*)

RINALDINI.

Avec le caractère de sire Fayel, votre rivale est perdue.

LA COMTESSE.

Oui, mais il faut que ma vengeance soit affreuse.

RINALDINI.

J'en ai les moyens, un homme habite secrètement le palais.

LA COMTESSE.

C'est Raoul ! où est-il ?

RINALDINI.

Je l'ignore.

LA COMTESSE.

Je vais.....

RINALDINI.

O ! per Dio arrêtez, il faut marcher doucement, pour arriver piou sûrement. (*mystérieusement*) Je sais qu'à minuit on doit conduire le chevalier sur le rempart, et là, le faire évader ; vous conduirez sir Fayel dans sta salle....

LA COMTESSE.

J'entends ; et le chevalier ?

RINALDINI.

Attendu par quatre coquins de nos amis (*la comtesse lui jette un regard terrible ; Rinaldini l'apaise.*), entouré, garroté, nous l'entraînons dans un cachot obscur, et là.....

LA COMTESSE.

Oui, que son cœur palpitant, offert par Fayel à mon odieuse rivale....

RINALDINI.

Obtenez surtout de sir Fayel un ordre, pour qu'on puisse s'en défaire en secret ; c'est l'essentiel ; si c'était un villain, on irait sans tant de façons, mais per un chevalier, il faut se mettre en règle, perche dans les choses les plus condambles, en ayant l'air de faire son devoir, la conscience est piou tranquille.

LA COMTESSE (*lui jetant une bourse*).

Scélérat !

RINALDINI (*s'inclinant*).

La riverisca, la signora, sono il servo umilis.

(*Il lui renouvelle ses instructions ; la comtesse l'assure de son exactitude. On entend le retour de la cérémonie ; la comtesse s'éloigne en s'occupant de ses projets de vengeance.*)

SCÈNE IV.

Retour de la cérémonie. Sur des sièges, riches disposés du côté jardin, se placent Fayel, Gabrielle, Vergy, la comtesse qui paraît pendant la cérémonie, ainsi que les seigneurs, les dames etc.

Edmond, Clotilde, à la tête des vassaux de Fayel, viennent présenter à Gabrielle des corbeilles de fleurs. Gabrielle en apercevant Edmond, manifeste de l'inquiétude ; Edmond par un geste à la dérobée, lui fait entendre que Raoul est en sûreté : joie de Gabrielle.

Annonce du corps de ballet.

Pendant la fête on aperçoit Rinaldini aller et venir, animer la danse et servir d'introducteur ; il fait des signes d'intelligence à la comtesse et lui montre à la dérobée un billet qu'il vient remettre à Fayel. Musique pincée qui annonce l'arrivée des ménestrels,

Fayel ordonne qu'on les introduise. Aussitôt paraissent des troubadours; l'un d'eux chante la romance suivante.

1er. COUPLET.

Quand la rigueur d'une injuste puissance
Naguère encor pas ne pesa sur moi,
Passais mes jours auprès de ma Clémence,
Et de l'amour sentais le doux émoi.
Vous qui venez du beau pays de France,
Du pauvre Albert peignez-lui la souffrance.

2e. COUPLET,

L'altier Mainfroi fut épris de ma belle;
Par ses parens à moi fut préféré;
Me la ravit, et depuis, bien loin d'elle
Dans cette tour languis triste, ignoré.
Heureux Français, si voyez ma Clémence,
Du pauvre Albert peignez-lui la souffrance.

Après le troubadour chantant distribue ses couplets aux principaux personnages : au moment où il va en donner un à Fayel, Rinaldini, le lui fait tomber le et il y substitue son billet qu'il feint de ramasser, et le donne à Fayel en s'excusant de sa maladresse.

Annonce du pas de six.

Pendant le pas, Fayel a roulé dans ses mains le papier qu'on lui a remis : inquiétude de Rinaldini qui l'examine; enfin les regards de Fayel tombent dessus. *Étonnement*, il se lève et lit :

« On vous trahit !... Après la fête venez dans cette salle,
» et vous saurez... »

(*Edmond s'approche de Gabrielle, et lui dit vivement :*)

sire Raoul, avant de s'éloigner vous demande un dernier entretien.

La comtesse occupe sire Vergy en examinant tout ce qui l'entoure. Joie de Rinaldini.

Agitation de Fayel, espoir de la comtesse, incertitude de Gabrielle sur le que lui propose Edmond. On entend le béfroi sonner minuit, mais dans le lointain et sans interrompre l'action. Contredanse générale fin de la fête. Fayel congédie l'assemblée; le sire Vergy se retire dans son appartement; Gabrielle se retire avec ses femmes.

(Nuit.)

SCÈNE V.

Fayel reste seul; il est sombre, regarde encore la lettre, il ne sait à quelle pensée s'arrêter, la comtesse qui vient achever son ouvrage, suit les mouvemens de Fayel, elle jouit de son incertitude s'approche de Fayel qui s'est jeté sur un fauteuil, Fayel appercevant la comtesse se lève brusquement pour se soustraire à ses importunes marques d'amour. La comtesse perdant tout espoir l'arête et lui dit:

Fayel, vous êtes trahi !

Mouvement de surprise de Fayel qui la regarde avec soupçon.

La preuve ?

La comtesse avec un air de douleur, lui remet les tablettes.

La voilà.

Fayel reçoit les tablettes avec crainte, il tremble d'y trouver la conviction de son malheur, il hésite, la comtesse le presse, enfin il ouvre les tablettes et les lit. Aussitôt la fureur se peint dans tous ses traits, il sécrie :

Perfide Raoul ! tu périras sous mes coups, ainsi que ma coupable épouse.

La comtesse jouit du désespoir de Fayel et de la perte de sa rivale.

Fayel se livre à toute sa fureur, il tire son poignard pour aller frapper Gabrielle, mais la Comtesse qui brûle de parvenir à son but et rendre sa vengeance plus éclatante, l'arrête et dit.

LA COMTESSE.

Seigneur, confiez-moi le soin de votre vengeance, et c'est en vous livrant votre rival que je vais vous prouver combien vous m'êtes cher : apprenez que l'indigne Gabrielle, au mépris de votre amour, a osé donner un rendez-vous ici même, à votre audacieux...

FAYEL.

N'achevez-pas, montrez-moi quel est le cœur que je dois déchirer.

La fureur de Fayel est a son comble, la comtesse le calme un instant.

LA COMTESSE.

De grace, suspendez votre courroux, ou Raoul vous échappe.

FAYEL.

Raoul !... Je cours a l'instant le frapper.

LA COMTESSE.

Arrêtez, seigneur, tout serait perdu.

FAYEL.

Oui, pour quelques instans je suspends leur juste châtiment, pour qu'il soit plus terrible.

La Comtesse voyant le moment du rendez-vous qui s'approche, presse Fayel de sortir, s'est en faisant connaître l'excès de son indignation qu'il consent a s'éloigner.

(*Nuit très-profonde.*)

SCÈNE VI.

Edmond introduit Raoul, et lui dit qu'il a cédé

a ses instances, mais qu'il lui recommande sa bonne maîtresse.

Raoul le rassure ; il ne veut que lui dire adieu, et partir, ils écoutent, Edmond s'approche de la porte de Gabrielle et frappe doucement, on ouvre. Edmond dit à Raoul qu'il va s'éloigner, qu'il n'a plus la clef, mais il lui montre une échelle de corde qu'il va placer à la terrasse du fond, il lui recommande d'être prudent, et il s'éloigne.

SCÈNE VII.

RAOUL, GABRIELLE, *vêtue comme au 1er. acte.*

Gabrielle soutenue par sa bonne Alix paraît tremblante, Raoul se précipite à ses pieds, lui exprime son amour et le chagrin qui le dévore, il lui rend ses sermens, et lui jure d'aller mourir loin d'elle. Gabrielle lui donne l'écharpe qu'elle brodait pour lui ; le conjure de conserver ses jours et de l'oublier, Alix leur dit qu'il faut se séparer, ils ne peuvent s'y résoudre, Raoul craignant pour Gabrielle, fait un généreux efforts, mais avant de partir il lui en demande un gage qui ne le quittera jamais ; elle pense à la croix que lui a donnée sa mère, elle l'a détache, la couvre de baisers, et la donne à Raoul, qui la quitte désespéré. Gabrielle sur le devant de la scène tombe à genoux, invoque le ciel pour son amant, celui-ci s'éloigne la tête égarée. A peine est il sorti que la comtesse paraît dans le fond avec Rinaldini, voyant Gabrielle qui rentre, fait un geste de vengeance. Rinaldini lui montre Raoul au fond de la galerie, elle lui dit de le suivre, on les perd de vue.

SCÈNE VIII.

Edmond traverse le rempart et place l'échelle de

corde. Raoul paraît; Edmond lui montre l'endroit par où il pourra s'évader.

Rinaldini paraît avec ses hommes, et se place en embuscade.

La comtesse reparaît avec Fayel il aperçoit Raoul gagner le rempart; à cette vue il n'est plus maître de lui, il ne respire que vengeance : au même instant, on saisit Raoul sur le rempart. Joie de Fayel.

TABLEAU.

Pendant cette scène, Edmond caché derrière une colonne, a tout vu.

(Le théâtre change et représente une chambre, dans laquelle on aperçoit l'entrée d'un cachot : au fond en face est la porte d'entrée donnant sur la campagne.)

SCÈNE IX.

Clotilde est seule et travaille; elle va souvent à la porte exprimer son inquiétude et l'impatience qu'elle éprouve ne voyant pas revenir Edmond, elle l'aperçoit et court dans ses bras.

SCÈNE X.

La pâleur de d'Edmond effraie Clotilde; elle l'interroge, il la repousse doucement, et reste pensif : il exprime son inquiétude sur ce que sera devenu le bon chevalier. Clotilde cherche à le consoler.

SCÈNE XI.

Marc entre; il les gronde, ouvre la porte; il entre suivi de Clotilde portant des provisions.

SCÈNE XII.

Edmond est resté seul, Monlac vêtu d'une dalmatique aux armes de Fayel et la visière baissé entre vivement, il saisit Edmond par le bras et levant sa visière il lui adresse ces paroles :

MONLAC.

Mon maître t'a sauvé la vie ce matin ; la sienne en ce moment est entre tes mains : silence ! intelligence !

(*Au même instant du bruit se fait entendre dans le cachot, Edmond reconnaissant fait aussitôt cacher Monlac.*

SCÈNE XIII.

Marc reparait sur la porte du cachot et rentre avec Clotilde. Du bruit se fait entendre à l'extérieur; Marc se doute que ce sont des prisonniers et fait sortir ses enfans ; Edmond prie son père de le laisser avec lui, on voit entrer quatre hommes portant Raoul, celui-ci est garotté, a un mouchoir sur la bouche et fait de violens efforts pour se délivrer. A la vue de Raoul Edmond est près de se trahir mais la réflexion l'arrête. Rinaldini est entré tenant dans sa main une épée brisée; on a mis Raoul dans le cachot, les hommes qui le portaient sont rentrés, Marc a refermé la porte et mis les verroux.

RINALDINI, *jetant une pièce.*

Subito, vieux Cerbère, une bouteille de ton vieux vin de Beaune, pour régaler les braves. (*On apporte du vin; il verse et dit :*) A la santé de nos maîtres, à leur prospérité, à la conservation de leur vie ; et toi, petit Edmond, tu ne bois pas ? (*Edmond s'excuse et remercie.*) Eh bien, sors. (*Edmond saisit un verre et boit.*) A la bonne heure, savez-vous, mes amis, que cet enragé de chevalier nous a donné bien de la tablature ; et vous sentez que ne voulant que l'arrêter, il répugnait à ma sensibilité de .. ah!... Buvons. (*Pendant qu'on boit, il dit à part :*) Mon ordre n'arrive pas, l'heure se passe (*Il regarde la bouteille.*) Rien ne vous retiens plus ici, vous pouvez vous retirer, mais tenez vous prêts au premier signal.

(*Les soldats sortent.*)

On entend du bruit dans le cachot, Rinaldini écoute Edmond paraît inquiet, Marc qui a bu toute la journée et encore avec les soldats est ivre et couché sur la table.

Monlac paraît, Edmond lui fait aussitôt signe de ne pas se montrer, Edmon inspiré par le désir de sauver son libérateur, s'approche de Rinaldini, et lui demande la permission de porter au prisonnier une cruche d'eau qu'il tient à la main.

RINALDINI.

Bene, bene; mon petit, perché l'humanité doit toujours l'emporter... Va donner la cruche, mais n'entre pas seul... appelle un soldat, il est bon de prendre ses précautions.

Edmond saisit cette occasion, Rinaldini se met à réfléchir, Edmond fait un signe à Monlac, qui paraît, aussitôt Edmond s'approche de Rinaldini et lui montre le soldat.

RINALDINI.

Bene, bene; il a de l'intelligence, il fera son chemin.

Il s'approche de Marc, celui-ci veut se lever, mais il retombe sur sa chaise, Rinaldini impatienté lui reprend les clefs, et va lui-même ouvrir la porte du cachot, un bruit de chaines le fait reculer, effrayé il fait signe au petit d'entrer avec le soldat.

RINALDINI.

Mais cet ordre, ce maudit ordre per faire périr le chevalier n'arrive pas, la comtesse ne l'aurait-elle pas obtenu de sir Fayel?... C'est que pour lui plaire je ne voudrois pas me faire...

(*On entend le bruit d'une cruche qui se casse, aussitôt Edmond paraît avec l'anse.*)

Fayel.

Maladroit qu'as-tu fait ? tu m'a fait une peur de tous les diables... Vas en chercher une autre, et de l'eau plus limpide... Ce ne sera pas pour longtemps.

Edmond s'empresse d'aller prendre une autre cruche et revient aussitôt il va pour entrer dans le cachot Rinaldini regarde dans la cruche et satisfait, il recommande au petit de ne pas la casser, Edmond entre dans le cachot.

Marc se lève, demande ses clefs à Rinaldini qui lui montre qu'elles sont à la porte. Bruit de chaînes. Rinaldini et Marc remontent, Edmond paraît avec le soldat, Marc repousse Edmond en le grondant de s'être permis d'entrer dans le cachot, il en ferme la porte et met les verroux ; Rinaldini fait signe au soldat de se retirer, Raoul sort de la prison sous le costume de son écuyer, après avoir remercié à part Edmond, qui rend grâce au ciel de sa délivrance et l'accompagne.

SCÈNE XIV.

Un homme enveloppé d'un manteau, entre, et remet un papier à Rinaldini, celui-ci l'a à peine parcouru qu'il frappe dans ses mains, quatre hommes entrent. Rinaldini ordonne à Marc d'ouvrir de nouveau la porte du cachot, Marc hésite, Rinaldini lui fait voir l'ordre qu'il vient de recevoir, Marc ouvre. Rinaldini donne un poignard à l'un des soldats, ordonne à Marc de se retirer avec Clotilde, et les suit des yeux, quand il les a perdus de vue il dit :

RINALDINI.

Allez.

(*Quatre hommes entrent... long silence... cri douloureux.*)

RINALDINI.

La victoire est à nous.

Au même instant celui auquel il a remis le poignard paraît à la porte du cachot, tenant ce même poignard ensanglanté. Joie de Rinaldini.

TABLEAU.

Fin du deuxième Acte.

ACTE TROISIÈME.

Le théâtre représenté une des salles du palais ; on voit au fond une partie des jardins, et un rempart. Sur le devant une toilette fort riche, divers présent sont placés à l'entour.

SCÈNE PREMIÈRE.

FAYEL, *seul.*

Il est sombre, rêveur, deux des hommes de Rinaldini apportent une riche corbeille, et la posent contre la toilette ; ils se retirent dans le fond Rinaldini paraît, il tient un vase d'or qu'il pose de même sur la toilette ; à son aspect Fayel frémit, il jette une bourse à Rinaldini et ordonne que tout le monde s'éloigne. Moment de fureur et de désespoir enfin après avoir hésité, il donne l'ordre de faire venir Gabrielle.

SCÈNE II.

FAYEL, GABRIELLE.

La fureur et la jalousie que la présence de Gabrielle avaient suspendues, se raniment de nouveau dans le cœur de Fayel, la contenance noble et touchante de celle-ci, la fait monter au plus haut dégré ; il lui reproche la scène de la nuit ; elle se trouble, sa fureur augmente peu-à-peu ; il lui présente les tablettes, elle pâlit, il lui reproche sa perfidie, elle veut chercher à se jutifier, mais la saisissant par le bras, il l'entraine vers la toilette, découvre les habits de Raoul et l'écharpe qu'elle a brodée; souillée de sang. Désespoir de Gabrielle, qui se jette sur ces débris. Fureur de Fayel a cette vue il dit :

FAYEL.

Tu pleures, Raoul! ce cœur que tu m'as préféré (*Il découvre le vase.*), regarde

Gabrielle croyant qu'il contient du poison, va pour le saisir.... cri terrible... silence... sa tête s'égare... profond silence... elle passe devant Fayel qui la regarde avec effroi. Elle s'assied et semble agitée d'un songe funeste; elle porte ses regards sur tout ce qui l'environne, même sur les objets qu'elle ne voit plus.

SCÈNE III.

Vergy s'avance vers sa fille, il est suivi de quelques personnes. Fayel recouvre les restes de Raoul; Vergy va pour embrasser Gabrielle, celle-ci le prenant pour Fayel, le repousse avec horreur, et dit :

GABRIELLE.

Monstre! ne m'approche pas, tu me fais horreur!

Elle se précipite dans les bras de Fayel qu'elle prend pour Raoul; elle lui prodigue les noms les plus tendres, et veut le dérober à son ennemi :

GABRIELLE.

Et toi, Raoul, fuis ce barbare, c'est Fayel, regarde, sa main est armée d'un poignard, il va frapper!!!... arrête, arrête, il est innocent..... seule je suis coupable.

Etat affreux de Fayel pendant cette scène, ou son amour et sa jalousie sont à leur comble : Vergy est déchiré. Les gens du château sont entrés; à la vue de tant de monde, Gabrielle a reculé vers la toilette, son père qui l'a suivie, aperçoit les habits de Raoul, tout est expliqué. Les objets affreux que Gabrielle a vue sur la toilette, quoique cachés se retracent à sa mémoire, elle aperçoit de nouveau la coupe fatale, s'en empare et s'enfuit en la pressant sur son cœur.

VERGY.

Ma fille ! ma fille ! suivez ses pas.

Désespéré, il la suit avec tout le monde. Fayel reste seul.

SCÈNE IV.
FAYEL, *seul.*

Scène de remords et de profond désespoir ; son amour pour Gabrielle, la scène de la nuit, se retracent à son aspect : il se résout à quitter la vie, il tire son épée.

SCÈNE V.

La comtesse se précipite sur Fayel, lui arrache son épée et cherche à le calmer en lui peignant tout l'amour qu'elle ressent pour lui ; il l'a repousse et veut reprendre son épée.

SCÈNE VI.

Rinaldini paraît.

RINALDINI.

Seigneur, un chevalier inconnu demande à vous être présenté.

Fayel ordonne qu'on le fease entrer.

SCÈNE VII.

L'écuyer de Raoul entre suivi de quelques hommes d'armes et les yeux bondés, il présente un cartel à Fayel, qui, après l'avoir vu, fait approcher le chevalier ; et lui dit :

J'accepte le combat. Je serai exact au rendez-vous ; le son du cor lui fera connaître mon arrivée.

L'écuyer jette son gant, et porte le défi au nom de son maître, Fayel fait ramasser le gant et renvoie le chevalier. Il remet le papier à la comtesse qui le lit en tremblant.

A toi, Fayel, de la part de sir Raoul de Couci.

Tu m'as enlevé le cœur et la main de celle qui devait être mon épouse ; je viens d'échapper aux fers dans lesquels ta déloyauté venait de me plonger ; viens donc m'arracher une vie que je déteste, ou satisfaire ma vengeance, en périssant de ma main ; je t'attends cette nuit, près des ruines du Val-Noir.

RAOUL.

SCÈNE VIII.

La comtesse tremblante pour les jours de Fayel, veut le dissuader d'aller à ce combat ; mais Fayel, rendu à son noble caractère, accable la comtesse de reproches ; il l'a repouss, et sort en la maudissant.

SCÈNE IX.

LA COMTESSE, RINALDI.

LA COMTESSE.

Raoul vivant..... par quel prodige ?

RINALDINI.

Ma per Dio, tous les morts ont donc résolu de ressusciter aujourd'hui per ma damnation,

LA COMTESSE.

Misérable ! est-ce ainsi que tu abuses de ma confiance ? Ta vie me répond de celle de Fayel ; sauve-le, achève de perdre mon odieuse rivale, ou crains ma vengeance.

RINALDINI.

Je vous entends, votre amour, ma fortune m'ordonnent de conserver l'un et de perdre l'autre. Soyez tranquille, au plus fort du combat ; mes braves et moi.....

La comtesse lui recommande de tout mettre en œuvre, pour le délivrer de l'amant de Gabrielle. Ils sortent.

Changement.

Sombre forêt, ruines, arbres isolés. (Obscurité profonde.)

SCÈNE X.

Raoul plongé dans la plus profonde affliction, est assis au pied d'un arbre, son cheval est près de lui, les deux écuyers sont dans le fond.

RAOUL.

Ah! combien la douleur qui m'accable rend cette nuit longue et pénible. Infortuné Raoul! tu ignores le sort de tout ce que tu aimes; Gabrielle, Monlac, objets chéris, quel est en ce moment votre sort? toi surtout, digne et vertueux ami, soutien de mon enfance, qui, sacrifiant ta liberté pour sauver celui que tu nommes ton maître, et à qui tu prodigues les soins du plus tendre père, que vas-tu devenir? Tant de dévoûment n'aura-t-il pour récompense qu'une longue captivité... Que dis-je? Dieu... si Fayel dans sa fureur... ah! repoussons cette idée, Fayel est mon rival, mais brave et loyal chevalier; une telle action est indigne de lui.

L'écuyer de Raoul arrive et lui dit :

Seigneur, Fayel accepte votre défi; le son du cor vous annoncera son arrivée.

RAOUL.

Enfin l'heure de la veangeance va sonner. (*saisissant sa croix*) Gage chéri de ma noble amie, seul bien qui me reste d'elle viens, placé sur mon cœur! ah! je le sens, Fayel est vaincu. Marchons...... Dieux! que vois-je? une femme...... ses vêtemens en désordre...... je ne me trompe pas....., Gabrielle! ma Gabrielle!

SCÈNE XI.

LES PRÉCÉDENS, GABRIELLE.

Elle le regarde fixement, et après un court silence, elle dit lentement :

Que veux-tu?..... Tout..... tout est perdu......jusqu'à l'espoir..... ces vêtemens sanglans..... cette écharpe...... et cet horrible vase....., (*elle le découvre*) tiens regarde.

A cette vue Raoul s'écrie :

Ah ! Moulac ! malheureux ami, Fayel, cruel Fayel.....

A ce nom, Gabrielle épouvantée s'enfuit ; Raoul va pour la suivre, un cor éloigné se fait entendre, il ne peut quitter cette place ; il hésite, son écuyer répond et reste.

SCÈNE XII.

RAOUL, FAYEL et ses Écuyers.

Arrivée de Fayel, suivi de deux écuyers, portant des flambeaux ; il les fait attacher aux arbres, et ordonne à ses écuyers de s'éloigner. Raoul veut renvoyer les siens, ceux-ci hésitent en le suppliant ; il l'exige ; les écuyers s'éloignent.

SCÈNE XIII.

Commencement du combat.

SCÈNE XIV.

On voit pendant le combat des hommes se cacher derrière les ruines ; ils se précipitent sur Raoul, au moment où il es forcé de rompre ; il est terrassé, et va être sacrifié. Se croyant trahi, il s'écrie :

Perfide Fayel !

RINALDINI.

Seigneur, il est à nous.

A ces mots, Fayel indigné, se joint à Raoul, tous deux dispersent les assassins. Rinaldini est tué par Coucy.

SCÈNE XV.

Le combat commence. Raoul est près de succomber ; *Fayel.*   5

Fayel lui porte un coup terrible; son cimeterre se trouve engagé dans l'arbre; Raoul lui dit :

RAOUL.

Tu m'as sauvé la vie, je veux t'égaler en générosité; reprends tes armes.

Fayel, saisissant son sabre, et jetant loin de lui son bouclier, ne veut plus combattre, qu'armé de son poignard. Le combat reprend; Fayel rompt, tombe. Au moment où Raoul est prêt à le frapper, la comtesse se précipite entre eux, et reçoit la mort des mains de Raoul. A peine a-t-elle reçu le coup, elle tombe; le combat est interrompu.

FAYEL.

Arrête, Raoul !

Il court à la comtesse, pour lui prodiguer des secours; elle l'arrête et lui dit d'une voix mourante :

LA COMTESSE.

Je meurs pour toi, Fayel, venge-moi. (*Elle expire.*)

Le combat reprend. Fayel tombe frappé d'un coup mortel.

SCÈNE XVI.

Au même instant Gabrielle paraît, égarée elle traverse la forêt avec rapidité. Couci l'aperçoit et s'écrie :

COUCI.

Gabrielle ! Gabrielle !

Voyant qu'elle ne l'entend pas, il s'élance sur son cheval et court sur ses traces.

SCÈNE XVII.

Sire Vergy arrive, apercevant Fayel, il dit :

VERGY.

Que vois-je! Fayel expirant! cruel où est ma fille?

FAYEL (*se soulevant avec peine, et d'une voix mourante*)

Vergy, ne m'accable pas, je meurs de la main de Raoul, vous êtes tous vengés.

Vergy est désespéré. Tout le monde s'empresse autour de lui, et lui montre Raoul qui revient avec Gabrielle.

SCÈNE XVIII ET DERNIÈRE.

Couci arrive et tient Gabrielle dans ses bras; il la dépose sur un banc de gazon.

TABLEAU.

Vergy, Raoul, Edmond lui prodiguent les plus tendres soins, Elle reprend lentement ses sens, ses yeux se portent sur tout ce qui l'environne, sa raison revient par dégré, reconnaissant et son amant et son père, elle se jette dans les bras de celui-ci, Vergy unit Raoul à Gabrielle tout le monde les entoure.

TABLEAU.

FIN.

De l'Imprimerie d'Éverat, rue du Cadran, N°. 16

OUVRAGES NOUVEAUX

Qui se trouvent chez J.-N. BARBA, *Libraire, Editeur de Pièces de théâtre et des Œuvres de Pigault-Lebrun, Palais-Royal, n° 1.*

HISTOIRE DE LA RÉVOLUTION DE FRANCE, depuis la première Assemblée des Notables, en 1787, jusqu'à l'abdication de Napoléon; par Fantin Désodoards. Septième édition, conforme à la précédente ; 6 vol. in-8°.(Paris 1820). Prix : 25 fr.

LIGUE DES PRÊTRES ET DES NOBLES CONTRE LES PEUPLES ET LES ROIS, depuis le commencement de l'ère chrétienne jusqu'à nos jours, *ou* Tableau des conspirations, révolutions, détrônemens, actes arbitraires, jugemens iniques, violations des lois, etc. etc., dont les privilégiés se sont rendus coupables; ouvrage où l'on trouvera des détails intéressans et des considérations nouvelles, sur le pouvoir absolu des Druides; la conduite séditieuse des évêques anglais Wilfrid, Dunstan, Langton et Thomas de Cantorbéry; le massacre de la Saint-Brice; l'exil du Cid; la donation de l'Angleterre au pape; la querelle des investitures; l'union d'Aragon; la fondation de la liberté helvétique; le serment de révolte des nobles de Castille; Nicolas Rienzi, restaurateur de la liberté romaine; la persécution des Lollards et des Réformés; le soulèvement des Copyholders; la Ligue et la Fronde; la mort du Czarowitz Alexis; les révolutions de Danemarck, de France, d'Espagne; etc. etc.; par M. Paul de P... 2 vol. in-8°. Prix : 10 fr. Par la poste, 12 fr.

Le gouvernement féodal, dont la révolution devait extirper les dernières racines, était le résultat de l'orgueil des nobles, outenu par leurs richesses, et des impostures des prêtres, masquées par leur hypocrisie : ce sont les résultats de cette union de l'orgueil et de l'hypocrisie que l'auteur de la *Ligue* a recherchés jusque dans les vieilles fondations des monarchies. Remontant aux ténèbres de l'ère chrétienne, son travail, opiniâtre autant que savant, démêle les abus des usages, et signale les crimes commis par les lois mêmes destinées à les réprimer. Son ouvrage fait connaître les causes des malheurs des peuples et des tribulations des rois. Il est écrit avec méthode, clarté et énergie, fut inspiré par le patriotisme, et sera avoué par une saine philosophie. A l'ouverture d'un tel livre, les masques politiques tombent, et les forfaits se montrent dans toute leur laideur.

La censure n'en a permis ni l'analyse, ni même l'annonce

www.ingramcontent.com/pod-product-compliance
Lightning Source LLC
Chambersburg PA
CBHW060715050426
42451CB00010B/1463